Italien
Klassische Reiseziele
Dom und Baptisterium in Florenz

Umberto Baldini

Atlantis

Ins Deutsche übertragen von
Andrea Gensicke

Redaktion
Dr. Dieter Struss

Titel der Originalausgabe
Il Duomo e il Battistero di Firenze

Herausgeber der Reihe
Silvio Locatelli und Marcella Boroli

Lizenzausgabe 1989 für
Manfred Pawlak Verlagsgesellschaft mbH, Herrsching
© Istituto Geografico de Agostini SpA – Novara
Alle Rechte vorbehalten
Printed in Italy, New Interlitho S. p. a. – Trezzano
ISBN 3-88199-607-9

Der Ort, an dem die Zeit fortlebt

Wer das Wesen der Stadt Florenz verstehen will, findet den Schlüssel zu ihrer Seele im Dom und im Baptisterium. Denn diese Stadt entwickelte ihre Daseinsberechtigung aus einer vollkommen eigenständigen Eroberung und Überprüfung des Menschen, der Natur und ihrer Werte, und es gelang ihr, so etwas wie das Wunder einer eigenen Schöpfung zu vollbringen: fast durchwegs verlieh sie ihren Lebensäußerungen den Hauch der Unzerstörbarkeit, des Absoluten, des Immerwährenden und Wahren, des Unveränderlichen. Dies gilt für jede Zeit und in jeder Situation, wobei unter Zeit und Situation nicht nur das jeweilige Zeitalter oder der historische Augenblick zu verstehen sind, sondern auch – und vor allem – der Wechsel der Jahreszeiten und der Atmosphäre, also all die Veränderungen, die im Wandel der Dinge außerhalb des Menschen begründet liegen und die Wirklichkeit seines Alltags bestimmen, jedoch die Schöpfung in ihrem ursprünglichen Wesen unangetastet lassen. Bei Regen und Sonnenschein, im Winter wie im Sommer, bleibt die große Kuppel Brunelleschis – das wahre und echte Antlitz von Florenz, »seine Augen und seine Seele«, die »ihren Schatten über alle Völker der Toskana breitet« –, unbeeinträchtigt und unveränderbar: wie ein Naturereignis, das dank seiner absoluten Realität die Fähigkeit zum absoluten Sein besitzt, unabhängig von äußeren Voraussetzungen. Das ist der Grund, warum die Stadt Florenz im Ablauf eines Tages oder im Wechsel der Jahreszeiten nicht lacht oder weint – sie *ist* einfach. Und jeder Palazzo, jede Kirche, jedes Kunstwerk dieser Stadt, die allesamt ihren Bezug zu diesen beiden ehrwürdigen, für das Wesen der Stadt bestimmenden Bauwerken nicht verleugnen können, ist geprägt von diesem Streben nach absolutem Sein. Das gilt in so hohem Maße, daß man fast sagen könnte,

sie verändert sich nicht einmal im Wesen ihrer Bewohner, in der Konkretheit eines Daseins, das – gewollt oder ungewollt, fühlbar oder unmerklich – an dieses perfekte Maß in ihrer Seinsdimension geknüpft ist.

Dom und Baptisterium können also als wesentliche Elemente einer Stadtkultur betrachtet werden. Sie sind nicht zufällig, sondern bereits als Synthese einer Auffassung von Klassik entstanden, die stets gültig blieb und sowohl als Symbol wie auch als Vorahnung eines späteren, unverwechselbaren Klassizismus gelten kann. Diese ununterbrochene Kette kann man auch heute noch vorfinden: unter dem Dom, dort, wo früher die Kirche S. Reparata stand. Wenn man unter die Ebene des Kirchenbodens von S. Maria del Fiore hinuntersteigt, gelangt man in einen niedrigen und weiten Raum. Geschickt gewählte Beleuchtung verstärkt den mystischen und fast hypnotisch wirkenden Charakter des ursprünglichen Bauwerks und verleiht ihm einen besonderen Zauber. Ergreifend wirkt die Anspruchslosigkeit der Fundgegenstände, die Schlichtheit der ausgegrabenen Strukturen. Es sind eigentlich nur Kleinigkeiten, doch bei der Betrachtung erkennt man schrittweise, welche Größe in den Überresten der Pfeiler, Chorschranken, Apsisrundungen, Backsteinelemente, der Wände mit und ohne Bilderschmuck, der Kapitelle, der Reliefs auf den Grabplatten, der Wappen, Mosaiken und des Bodens (*opus signinum*) steckt. Das alles sieht in seiner offenkundigen Schlichtheit nach nichts aus, ist aber eine echte Offenbarung und eine weitere Bestätigung des typisch florentinischen »Gespürs für die Dinge«, dieses wachen Sinnes für Maß und Form in der Beziehung zum Menschen, der den wahren Kern des Wesens von Florenz ausmacht – und schon damals, also bereits vor der Zeit eines Arnolfo und Giotto, ausmachte. Eine Wahrheit, die alle Gegenwart und Vergangenheit einschließt und sogar in den kleinen Dingen des Alltags wiederzufinden ist.

Man findet sie auch – gleichsam als erstes außergewöhnliches Glied – in einem geistigen Streben, das zur Verherrlichung der Linien und des Rhythmus führt. Aus diesem Streben entwickelte sich eine ganze Kulturform, deren wesentliche Merkmale Sinn für Klarheit, Ordnung und Gleichmaß der Beziehung zur Umgebung sind – Gesetz einer Wirklichkeit, die immer als ausgleichende begriffen wird und als Bemessungsgrundlage für das richtige Verhältnis zwischen Mensch und Raum. Das wird vor allem im Baptisterium erkennbar. In diesem Sinn spielt es keine große Rolle, ob es sich hier um ein spätrömisches Bauwerk aus dem 5. Jahrhundert handelt oder – was vielleicht logischer wäre – um eine fast vollständige Rekonstruktion aus den Jahren unmittelbar vor der Neueinweihung im Jahre 1059. Wichtig ist vielmehr die Kontinuität und Konsequenz einer Geisteshaltung seit der spätrömischen Kaiserzeit bis zur Romanik, aus der die Grundlagen für die Geometrie des Florentiner Rationalismus hervorgingen. Das Baptisterium, an dessen Mosaikschmuck und innerer Ausgestaltung im 13. Jahrhundert jahrzentelang gearbeitet wurde, erhält eine weitere Bedeutung als Impulsgeber, denn im Zuge gerade dieser Arbeiten bildeten sich die ersten eigenständigen Malergenerationen der Stadt heraus, und es entstand eine echt volksnahe Bildkunst, deren Technik sich jedoch aus den »griechischen«, d. h. den orientalischen Kunstmitteln und Materialien ableitete. Die markanteste Persönlichkeit dieser Kunst – noch vor Cimabue – ist Coppo di Marcovaldo: wie allgemein anerkannt wird, wirkte er an den Mosaiken des Baptisteriums mit (ihm wird meist das »Inferno« zugeschrieben) und schuf so ein wichtiges Ausgangselement für ihre Klassifizierung. Denn gerade hier, am großen Becken des Baptisteriums, sollte die Florentiner Malerei – Seite an Seite mit den venezianischen Meistern – die Grundlagen für ihre Betrachtungs- und Darstellungsweise legen. In dieses Umfeld bringt Coppo in verschwenderischer Fülle seinen persönlichen Sinn für Monumentalität in den Figurengruppen und für ihre plastische Ausarbeitung ein. Die Linienführung wird nun kraftvoll und dynamisch; die Anordnung der Figuren läßt bereits ein beachtliches Raumgefühl vorausahnen und erkennen und wird Ausdruck einer spannungsreichen und vielschichtigen Dramatik. Gemeinsam mit Coppo arbeiteten hier der Franziskanerbruder Jacopo, Meliore Toscano, der sogenannte Meister der Magdalena und der junge Cimabue.

Die »neue« Magdalena

Dies also war die Geburtsstunde, die wesentliche und höchst bedeutsame Anfangsphase der Florentiner Stadtkultur. Aber auch in ihrer zweiten Phase brachte sie Außergewöhnliches hervor, wie z. B. das »Grabmal des Gegenpapstes Johannes XXIII.« von Donatello, das auf ungewöhnliche Art »Neues in das Alte« einfügt, sowie seine »Hl. Magdalena«, die heute provisorisch im Dommuseum (Museo dell'Opera) untergebracht ist. Sie stand im Baptisterium, bis sie durch die Überschwemmung am 4. November 1966 – sie riß sogar das Bronzeportal von Andrea Pisano aus den Angeln und in Trümmer – überflutet und so stark angegriffen wurde, daß man sie erst bergen und anschließend restaurieren mußte. Im Zuge dieser Restaurierung wurde die Oberfläche der Skulptur genauer untersucht. Dabei kam unter der einfarbigen, plumpen und düsteren Übermalung (vermutlich aus dem 18. oder 19. Jahrhundert datierend) etwas zum Vorschein, das jenseits jeder Hoffnung oder Erwartung lag (denn man war ja der Ansicht, daß die Fassung der Figur in ihrer überlieferten Form sich wie ein barmherziger Schleier über die zerstörte und somit unwiderbringlich verlorene Bemalung gelegt habe): die ursprüngliche, vielfarbige Fassung. Nicht nur am Körper und im Gesicht, wo die Farbe die Tönung von sonnengebräunter Haut annimmt, sondern auch an den Haaren, die lang herabfallen, die Nacktheit des Körpers verhüllen und von einem schwachen Goldschimmer modelliert werden. Die Restaurierung ermöglichte nach der exakten Untersuchung der Skulptur eine Reihe von Beobachtungen, die von großer Bedeutung sind und deswegen erwähnt werden sollen, weil sie wesentlich zu einer völlig neuen Beurteilung des Werkes ab diesem Zeitpunkt beigetragen haben.

Zunächst sei daran erinnert, daß Donatello die Skulptur aus einem einzigen Silberpappelblock herausmeißelte, also aus einem echten Baumstamm, wie aus nichtvorhandenen Fugen und den konzentrischen Jahresringen an der Unterseite zu erkennen ist. Der Bildhauer arbeitete zunächst mit dem Hohleisen die groben Umrisse heraus, genau so wie es später Michelangelo am Marmorblock machen sollte, und ließ vorerst so etwas wie eine grobe Skizze der Skulptur entstehen, wobei er nur die Stellen im Detail ausarbeitete, an denen die künstlerische Inspiration ihn zu schneller Vollendung drängte. Dies wird deutlich, wenn man die Skulptur von hinten betrachtet, was derzeit durch die Aufstellung der Figur an der Wand nicht möglich ist. Weil sie in einem – vermutlich hölzernen – Tabernakel aufgestellt werden sollte, weist der nicht dem Betrachter zugewandte Teil auch keine Modellierung oder farbige Fassung auf. Jedoch waren der schöpferische Impuls und der Drang der künstlerischen Idee nach Verwirklichung so stark, daß der Künstler selbst in diesem Bereich die Körperlichkeit unter dieser Flut von Haaren einfach zum Ausdruck bringen mußte: er erreichte dies durch die Modellierung der Flächen und – vor allem – durch die Teilung der Haare im Rücken und eine tiefe Einkerbung bis zur Oberfläche des Fleisches in der Schultergegend. Damit wollte er die physische Präsenz des Körpers an der Vorderseite noch betonen, sie projizieren und greifbar machen (von hinten, halb seitlich gesehen, ist dies am besten zu erkennen). Ein unablässiges, geschicktes Spiel der Flächen läßt noch das flinke Gleiten der Daumen und Fin-

ger auf den Gipspartien erkennen, dem es seine Entstehung verdankt und in dem die Schaffenskraft des Meisters fühlbar wird. Dieses Spiel verstärkt, modifiziert, vollzieht und zerlegt den Vertikalismus, der bereits durch die Arbeit der Hohlkehle (sichtbar noch an den Auskerbungen) angedeutet und angelegt ist, und läßt ein neues Fließen in den sich teilenden und zusammenfließenden Haarsträhnen erkennen. Das Schimmern der Vergoldung gibt der monochromen Masse ihre ehemalige Aussagekraft zurück und läßt sie in einem malerischen Spiel des Lichts neu erstehen. Der Goldschimmer bewegt und verändert sich, wird stärker und schwächer und ist letztendlich ausschlaggebend für die Wirkung der meisterhaft modellierten Form. Denn gerade das Gold, sein Hinunterschimmern in die Vertiefungen beziehungsweise sein Aufleuchten auf den Erhebungen des bewegten Oberflächenreliefs, macht den Wert der Modellierung aus und verstärkt ihren Effekt. Nicht nur äußere Verzierung, sondern ein in dem So-sein beschlossener Akt des Entwerfens und Untermalens ist darin zu sehen, eine Verstärkung des Gefühlswertes der Figur, zum Beispiel in der Fortführung der Haarflut bis auf den Oberarm und in dem Auslaufen einer Strähne auf dem Bein. Das Spiel mit dem Gleichgewicht zwischen Flächen und Massen bewirkt eine gleichbleibende Spannung. Die Restaurierung hat die Bewertung dieses Werkes völlig verändert, nicht nur, weil die Figur ihre ursprüngliche Farbgebung zurückerhalten hat, sondern auch, weil die Feinheit der Modellierung wieder sichtbar ist, die unter der achtlosen und groben Übermalung verschwunden und wie verschüttet war. Es ist nahezu unbegreiflich, wie es möglich war, daß in der Vergangenheit ein solch schwerwiegender Eingriff überhaupt vorgenommen werden konnte. Vielleicht ist die Annahme richtig, daß mit der Zeit die Ablagerungen von Staub, Kerzenrauch und anderen Substanzen auf der Oberfläche sowie die dadurch dicker gewordene und gelblich verfärbte Firnisschicht dazu geführt hatten, daß alles einfarbig aussah, was früher farbig und lebensnah gewirkt hatte. Daraus ließe sich leicht erklären, was geschah, als man die Figur restaurieren und durch die Beseitigung erlittener Beschädigungen wieder in Ordnung bringen wollte: statt sie zu reinigen, wurde sie mit einer neuen Farbschicht überzogen in der Überzeugung, daß diese sie »auffrischen« würde. Das bißchen Farbe reichte aus, um das Werk völlig zu verfremden, die Lebensechtheit der Schnitzarbeit, die nun ihren Zauber nicht mehr im Spiel des Lichts entfalten konnte, verschwinden zu lassen. Es bleibt die einzig mögliche Erklärung für diesen Eingriff, wenn man die Annahme als absurd verwirft, daß er auch aus der bewußten Absicht entstanden sein könnte, die sündige Schönheit der Magdalena abzutöten.

Selbstverständlich wird dieses Werk heute völlig anders beurteilt. Man könnte sogar sagen, die Verschiebung der Werte sei genau in die entgegengesetzte Richtung erfolgt als in jene, die die Kunstkritik dem Werk mit Bestimmtheit und fast endgültig zugewiesen hatte. »Die Holzfigur der Magdalena des Baptisteriums von Florenz ist das visionäre Abbild dessen, was wir heute als Existenzangst bezeichnen würden – der Selbstzerstörung, der Auflösung der menschlichen Form in eine Materie, die ihrerseits in einem strahlenlosen, toten Licht zerfällt.« So war kürzlich bei einem zeitgenössischen Kritiker zu lesen. Es ist wirklich beeindruckend, solche Worte zu lesen und dabei die Figur so auf sich wirken zu lassen, wie sie aus der jüngst erfolgten Restaurierung hervorgegangen ist. Wenn es überhaupt ein Kunstwerk gibt, von dem man sagen kann, daß in ihm das Licht der absolute Lebensspender für die Materie ist, dann dieses. Wenn es ein Kunstwerk gibt, in dem das Licht zum höchsten Sinnbild des Lebens wird – Licht gleichbedeutend mit Leben im Gegensatz zum Tod, verkörpert im Dunkel –, dann dieses. Und es ist das Licht, das flüchtig über jeden Punkt der Oberfläche huscht (leider geht dem Betrachter heute durch die künstliche Beleuch-

tung mit ihrer konstanten Lichtstärke viel vom ursprünglichen Gefühlswert der Figur verloren, denn das Flackern der Öllampen oder Kerzen von früher ließ auf der damals durchgehenden Vergoldung zuckende Lichter spielen). Im unglaublich bewegten Fließen des Goldes zeichnet es eine enorme Vitalität nach und drückt an jeder Stelle konstant den Wunsch zu leben aus. Den Kontrapunkt dazu bildet die düstere Gegenwart des Todes, dem die Knochen – sie allein scheinen ihm zu widerstehen – entschiedenen Widerstand entgegensetzen.

Dieser Widerstand und die Auflehnung gegen den Tod, gegen die Verwesung des Fleisches, ist auch und vor allem dem Gesicht der Figur und den wiedererstandenen Augen abzulesen: Der Blick ihrer Pupillen ist hellwach, scharf, fest, eher beunruhigt als verängstigt; genauso unauslöschlich wie Widerstand und Auflehnung gegen den Tod haben sich die Zeichen vergangener Schönheit erhalten: das blonde Haar, das hier zum Symbol ewiger Jugend wird; die fein herausgearbeitete, sinnliche Rundung des Schenkels, der geheimnisvoll zwischen der Haarflut über dem Knie zum Vorschein kommt und in seiner Verhüllung das Bild einer neuen Daphne heraufbeschwört; die langgliedrigen, in ihrer Bewegtheit anmutigen Hände. Sie alle sind verkörperte Lebenskraft. Sie sind es, die – durch Antithese – den hartnäckigen Widerstand der Knochen noch geschlossener und härter wirken lassen. Ins rechte Licht setzen sie auch den vorgestreckten Fuß, dessen gespannte Sehnen unter dem Fleisch sichtbar werden, der mit dem Boden verschmilzt und darin festzuwachsen scheint, sich daran klammert wie die Wurzel einer Pflanze, damit der Baum des Lebens dem Tode trotzen kann.

Die Paradiestür

Wenn schon die Wiederentdeckung der Originalfassung und des Goldes an der »Magdale-

6

na« von Donatello ein außergewöhnlicher Gewinn und Fund war, so war die Wiederentdeckung und Freilegung der Vergoldung an den Türflügeln von Ghiberti ein nicht minder spektakuläres und bedeutendes Ereignis.

Es war dies sogar eines der markantesten Ereignisse in Florenz seit Kriegsende, Ende der vierziger Jahre. Und dies nicht nur, weil das Baptisterium durch die Rückkehr der Türflügel an ihren angestammten Platz wieder sein ursprüngliches, unbeschädigtes Aussehen zurückerhielt, sondern hauptsächlich deswegen, weil damit eine ungewöhnliche Restaurierung zum Abschluß kam: sie hatte die jahrhundertelang vergessene ursprüngliche Vergoldung ans Tageslicht gebracht, indem von der Oberfläche der Reliefs alle Verkrustungen und Schmutzreste entfernt wurden. Dieses Verfahren ermöglichte endlich ein viel genaueres Studium der wunderbaren Relieftafeln, die wegen der Feinheit der angewandten Instrumente, der Kostbarkeit der Gravur, der Tiefenschärfe des Reliefs sich wirklich als würdig erweisen, den Eingang des Paradieses zu bilden, wie es der – Michelangelo zugeschriebene – Satz ausdrückt: »Sie sind so schön, daß sie die Pforten des Paradieses schmücken könnten.«

Man schrieb den 24. Juni 1948. Die moderne Technik und das kritische Engagement unserer Zeit hatten dem bereits 1772 entflammten und gelegentlich in heftigen Debatten geführten Streit um ihren Zustand und um die Frage, ob die Wiederherstellung ihrer ursprünglichen Vergoldung möglich sei, ein Ende gesetzt. Bereits 1772 hatte nämlich der Maler Anton Raphael Mengs vom Großherzog der Toskana die Genehmigung erhalten, einen Gipsabdruck von der Paradiestür abzunehmen. Er stellte fest, daß die Flachreliefs »nahezu zugedeckt und zugeschmiert sind von Staub und Schmutz, wodurch nicht nur die Kostbarkeit und Feinheit der Reliefarbeit selbst, sondern auch die darauf immer noch vorfindbare Vergoldung zum größten Teil verloren geht«. Die Vergoldung war beim Abnehmen des Gipses zum Vorschein gekommen, und Mengs setzte

sich für die Reinigung der Reliefs ein. Seine Bemühungen fanden die Unterstützung der Florentiner Künstler, so z. B. von Ignazio Hugford, Francesco Ianssens und Innocenzo Spinazzi, sowie von vier Meistern der Metallgießerei, nämlich Angelo Spinazzi, Ferdinando Niccioli, Giovacchino Mangani und Cosimo Siries. Die Industrie-, Kunsthandwerks- und Handelskammer entsandte am 4. April 1772 eine Abordnung an den Großherzog Leopold I. von Toskana, damit er diesen Vorschlag in Erwägung ziehe, wenn auch erst nach Anhörung des Antiquars der Königlichen Galerie, Raimondo Cocchi. Dieser schlug vor, im Falle der Genehmigung die beiden Meister Siries und Angelo Spinazzi mit der Arbeit zu beauftragen. Cocchi jedoch stellt in einem Antwortbrief vom 10. April 1772 fest, daß er mit Siries gemeinsam einige Säuberungsversuche vorgenommen und dabei zu dem Entschluß gelangt sei, es »lohne sich in keiner Weise, die Türe von S. Giovanni zu reinigen«. Cocchi geht in diesem Brief jedoch noch weiter und gibt sowohl in ästhetischer als auch in moralischer Hinsicht ein negatives Urteil über Ghiberti ab. Er unterstellt sogar, daß die Vergoldung an der Außenseite der Tür dünn sei und von einer dicken Firnisschicht festgehalten werde, was zwar »ein dürftiger Schutz, aber immerhin ausreichend war, um das Blendwerk zumindest so lange zu erhalten, wie das Leben des betrügerischen Florentiner Künstlers dauerte und geschmacklose und ungebildete Wollweber in den Stadtämtern das Sagen hatten... Was für ein gemeiner Mensch Ghiberti war und wie blind ihm die Auftraggeber Arbeit zuschanzten, kann man bei Vasari in seiner Lebensgeschichte Brunelleschis nachlesen.« Da er aber den großen Künstler Michelangelo in diesen Betrug nicht verwickelt sehen wollte, fügte Cocchi noch hinzu: »Es kann schon sein, daß sie (die Tür) es achtzig Jahre lang schaffte, gut auszusehen – also die Zeitspanne, in der Michelangelo sie lobte und das lateinische Epigramm entstand, von dem Vasari berichtet.« Er behauptet sogar, daß die Türflügel schon bald mit einer groben Schicht »Firnis, der vermutlich mit gekochtem Öl eingeschmiert und mit Bronze gefärbt« war, bedeckt wurden und daß nun auch Siries seine Ansicht teile. Und weiter: »Und selbst wenn die Türe aus gediegenem Gold bestünde, wäre sie zwar in den Augen der Habgierigen noch schöner und großartiger, könnte aber dennoch vom Entwurf her nicht befriedigen; genau so wenig, wie eine Bronze ohne Patina den Blick nicht befriedigt, weil Reflexe und falsche Lichteffekte das Auge verwirren... Wir werden nie mehr erlauben, von dieser Türe einen Abguß zu machen, umso mehr, als es zahllose andere Skulpturen gibt, die mir gelungener erscheinen. Bei genauerer Betrachtung scheint diese Arbeit eher als ein Monument der Kunstgeschichte, das den Florentinern schmeichelt, denn als vollkommenes und über jede Kritik erhabenes Vorbild Beachtung zu verdienen. Wollte man die Bildhauerkunst, die in Florenz fehlt, neu beleben, so würde man meiner Ansicht nach wohl kaum die Figuren von Ghiberti als Studienobjekte auswählen.« Die Meinung Cocchis wurde akzeptiert. Sante Pacini und Cosimo Siries erhielten den Auftrag, auf Kosten von Mengs die Türflügel wieder in den Zustand zurückzuversetzen, in dem sie sich vor Abnahme der Gipsabdrücke befunden hatten. Damit war der Streit jedoch noch nicht zu Ende, sondern flammte ein Jahr später erneut auf. Der Wunsch nach einer Reinigung der Reliefs wurde 1884 von Lelli und Marcucci in einer Reihe von Aufsätzen neu vorgetragen und in den »Memorie storiche« (historischen Erinnerungen) von Befani im selben Jahr als Forderung aufgestellt, doch zu einer Lösung des Problems kam es erst während des Zweiten Weltkriegs, als die Tür von ihrem angestammten Platz in Sicherheit gebracht wurde und in der Folge in den Palazzo Pitti gelangte. Die Ergebnisse der ersten Säuberungsversuche und der ermutigende Bericht, den Toesca und Brandi im Juli 1946 darüber geschrieben hatten, führten zur Bildung einer Kommission unter der Leitung von Giovanni Poggi, die die

Arbeiten durch den Kunstgußspezialisten Bruno Bearzi in Angriff nehmen ließ.

Damit begann ein neues Kapitel über Ghiberti in der Kunstkritik, wenn auch das Hin und Her um die Gotizismen der Vergoldung noch lange weiterging. Heute, mehrere Jahrzehnte später, haben die Versäumnisse in der Konservierung und Pflege sowie – bei fünf Tafeln – die Folgen der Überschwemmung dazu geführt, daß die Paradiestür – auch wegen der Luftverschmutzung unserer Zeit und der durch sie bedingten Schwefelprozesse – von rascher Zerstörung gerade in der Vergoldung bedroht wird, die doch seit jeher den Höhepunkt der Aussagekraft ausmachte und auch heute noch ausmacht. Nach jahrelangen Untersuchungen und Streitereien (die ja zu keiner Zeit unterblieben sind) ist es endlich gelungen, ein Verfahren zu entwickeln, das dank seiner Methodik sowie technischen und ideellen Eignung die Wiederherstellung der Vergoldung ohne weitere Verluste ermöglicht und exakte Daten für die Pflege liefert, die in Zukunft in regelmäßigen Abständen erfolgen muß.

Die Restaurierung hat zwar gerade erst begonnen, doch ihre Resultate sind wirklich überwältigend. Wer weiß, was wohl jener Cocchi heute dazu sagen würde, der im 18. Jahrhundert so leichtfertig und bösartig über die zu dünne und zu geringe Vergoldung und über die schlechte Qualität von Ghibertis Arbeit geurteilt hatte?

Ich erinnere mich noch gut daran, welchen Eindruck die Türe vor so vielen Jahren, bei der ersten Freilegung der Vergoldung, uns - damals noch Studenten unter der Leitung von Mario Salmi - gemacht hat. Wie ein Wunder erschien uns der plötzliche Wechsel vom Schatten zum Licht – einem blendenden Licht, das den Reliefs eine ungewohnte und unerwartete Leichtigkeit verlieh. Noch wundersamer aber erscheint uns heute die jüngste Restaurierung und Wiederherstellung nach einem schweren »Rückfall«, nach dem kaum mehr Hoffnung bestand. Die kürzlich an der Tafel mit der »Geschichte Josephs« (Altes Testament) begonnene »Säuberungsaktion« läßt nämlich dank der geeigneteren Technik nicht nur die Farbwerte, sondern auch die stofflichen Werte des Goldes wiedererstehen. So kann der Betrachter jetzt eher den Eindruck gewinnen, die Reliefs seien direkt aus Gold gearbeitet und nicht aus nachträglich vergoldeter Bronze.

Mit dieser neuen Betrachtungsweise tun sich auch für die Kunstkritik neue Möglichkeiten auf. Man kann und sollte nämlich die Vergoldung nicht als Kunstmittel sehen, das zeitlich nach dem künstlerischen Schaffensakt einzuordnen ist und von Ghiberti zur Verschönerung und Verfeinerung angewendet wurde, sondern als ein Mittel, das in dieser farblichen und stofflichen Kompaktheit seine Verherrlichung am deutlichsten im Licht und im Helldunkel erfährt.

Architektur, Mosaiken, die außergewöhnliche künstlerische Präsenz eines Donatello und eines Ghiberti machen also die Glanzpunkte des Baptisteriums von Florenz aus.

Der Dom

Das nächste große Bauwerk – der Dom – stellt das letzte große Werk des Architekten Arnolfo dar. Nur wenige Jahre konnte er daran arbeiten (von 1296 bis 1301 oder 1302), dann setzte der Tod seinem Schaffen ein Ende. Doch bis zu diesem Zeitpunkt hatte er schon einen großen Teil vollendet, und so haben auch die beträchtliche Vergrößerung der Baumaße durch Francesco Talenti und der Abschluß nach oben durch die Kuppel Brunelleschis nichts an der Charakteristik der Innenarchitektur verändert, die von Arnolfo bereits festgelegt und in Auftrag gegeben war. Der Architekt hat darin eine Zusammenfassung und Synthese seiner Erfahrungen verwirklicht. Der außergewöhnliche und herrliche Raumkomplex stellt noch heute eines der größten Gotteshäuser der Christenheit dar und keineswegs einen Mißgriff in der Proportion zum Menschen – vielmehr bewegt sich der Mensch hier in einem klar umrissenen Raum, dank der durchwegs sichtbaren Strukturen, ihrer organischen, sehr einfach wirkenden Zuordnung zueinander und ihrer Einfügung in ein Raummodell, dessen Realität und Kontinuität auch dort fühlbar wird, wo das Auge sie beim ersten Hinsehen nicht zu erfassen vermag. Die Geometrie des Innenraums mit ihren Kadenzen und Rhythmen wiederholt sich in der Außenarchitektur mit ihrem zweifarbigen Marmor und läßt Zitate der Romanik in Wirkung und Rhythmik erkennen. Außen werden die Farbeffekte noch verstärkt in der reicheren Dekoration der hohen und schmalen Fenster sowie in den fein gearbeiteten Portalen. Die Geometrie ist das verbindende Element, auch in der Farbgebung des Marmors, im Campanile, dessen Bau von Giotto begonnen, dann von Andrea Pisano fortgeführt und schließlich von Francesco Talenti zu Ende geführt wurde. Trotz der verschieden langen Schaffensperioden der Meister gelang es Talenti, das Werk in verblüffender Einheitlichkeit und unter ständiger Einbeziehung der vom Gesamtvolumen der Kirche bestimmten, in verschiedener Weise zum Ausdruck kommenden Realitäten fertigzustellen.

Den eigentlichen Abschluß des Doms bildet jedoch die Kuppel mit ihrem fein austarierten Gleichgewicht zwischen Masse und kraftvoller Zeichnung der weißen Rippen. Dank ihres genialen Schöpfers Filippo Brunelleschi ist sie die absolute Krönung der gesamten Raumkonzeption. Über die Kühnheit der Technik und der Konstruktion hinaus bezieht sie ihre Bedeutung vor allem aus dem Rang, den sie im Stadtbild einnimmt. Sie überragt und verkörpert, ordnet und teilt die Stadt durch ihre Position gleichsam im Mittelpunkt einer Ebene, die in fast gleichem Abstand ringsum von Hügeln wie von einem Kranz umgeben ist. Sie wird durch ihre Synthese von Raum, Stadtbild und Landschaft zu einem Ordnungselement, zu einem gestaltenden Eingriff des Menschen in die Realität der Schöpfung. Sie verherrlicht den Menschen als würdiges Kind Gottes, das – wie Er – an den Dingen dieser Welt als ordnende Kraft wirkt.

Im Inneren wirkt der Dom fast kahl, doch allein schon durch seine Architektur großartig und mächtig. Trotzdem beherbergt er einen großen Schatz außergewöhnlicher Meisterwerke, auch wenn einige davon im Laufe der Jahrhunderte in die Museen gewandert sind: das Dommuseum (Museo dell'Opera del Duomo) gehört zu den reichsten Skulpturensammlungen der Welt. Besonders von vier Werken soll hier die Rede sein. Eines davon findet der Besucher, der den Dom betritt, gleich hinter sich, am Hauptportal an der Innenseite der Hauptfassade.

Die Stunden des Lichts

In den Büchern über die berühmtesten Uhren vergangener Zeiten kann man die Uhr des Florentiner Doms wohl kaum abgebildet oder beschrieben finden. Jedoch ist sie nicht nur eine der ältesten noch vorhandenen mechanischen Uhren, sondern sie hat wohl auch das schönste und einzigartigste Zifferblatt der Welt. Gemalt und entworfen hat es einer der bedeutendsten Maler der italienischen Renaissance, Paolo Uccello. Es ist zwar nicht die einzige, aber eine der ganz wenigen Uhren, die die Zeit noch nach der früheren Zeitrechnung anzeigen, nämlich von einem Sonnenuntergang zum nächsten.

Warum sie sogar in der Fachliteratur so wenig bekannt ist, erklärt sich daraus, daß gerade erst einige Jahre seit ihrer »Wiederentdeckung« im Zuge einer geglückten und umfangreichen Restaurierung vergangen sind. Es sind nämlich noch keine zwei Jahrzehnte seit ihrer Freilegung vergangen, und das ist eine vergleichsweise kurze Zeitspanne für einen Gegenstand, der die Jahrhunderte und die unendliche Zeit messen sollte. Trotzdem kann man sicher sein, daß sie ihre alte Berühmtheit wiedererlangen, ja sogar in noch größerem Ruhmesglanz erstrahlen wird. Wohl auch deswegen, weil gerade ihr Zifferblatt – perfekt und exakt wie ein Lehrsatz der Geometrie und eine Wiederverwendung der zwölf Tierkreiszeichen, die schon im Mosaikfußboden der Kirchen von S. Miniato al Monte und im Baptisterium auftauchen – großen Anklang gefunden hatte und als Muster für viele spätere Uhren dienen sollte, deren berühmteste und bekannteste wohl die auf dem Markusplatz von Venedig ist. Fast ein halbes Jahrhundert liegt zwischen der Entstehung der Uhr von Florenz und der Uhr von Venedig, deren Entwurf mit Sicherheit auf eine Zeichnung von Paolo Uccello zurückgreift. Dieser war mehrmals in Venedig und hat gerade in S. Marco geometrische Mosaiken von hoher Perfektion in der Regelmäßigkeit des Verhältnisses zwischen Kreis und Quadrat entworfen.

Paolo Uccello malte die Uhr im Dom von Florenz im Jahre 1443. Seither wurden Veränderungen an ihrem Uhrwerk und an ihrem Zifferblatt vorgenommen, und zwar im Jahre 1750 und dann noch einmal am Ende des vorigen Jahrhunderts. Die jüngst vorgenommene Restaurierung hat unter den beiden Übermalungsschichten das blaue Zifferblatt und die im 15. Jahrhundert gemalte Stundeneinteilung zum Vorschein gebracht. Der wiederentdeckte Kreis ist in 24 Stunden eingeteilt und besticht vor allem durch die Schönheit der römischen Ziffern sowie die Exaktheit und Eleganz des doppelten Kreisbogens, in den sie eingeordnet sind. Was jedoch am meisten verblüfft, ist die Anordnung der Stunden und vor allem ihr Ablauf im Gegenuhrzeigersinn. Es handelt sich dabei aber nicht um eine Laune, wie in der Geschichtsschreibung früherer Zeit gelegentlich – und zu Unrecht – gerade auch in Verbindung mit Paolo Uccello behauptet wurde. Diese Anordnung hat ganz und gar nichts Außergewöhnliches oder Wunderliches an sich. Die Zifferblätter der ältesten mechanischen Uhren hatten diesen Ablauf, weil sie die Anordnung der Stunden von den entsprechenden Markierungen auf dem Meridian ableiteten; dort wanderte der Schatten wegen des scheinbaren Laufs der Sonne.

Bei dieser Tageseinteilung zeigte »ein Uhr« den Einbruch der Dunkelheit (die Stunde der Nacht) an, und dies war die erste Stunde des neuen Tages, der eben von einem Sonnenuntergang bis zum nächsten dauerte. »24 Uhr« bezeichnete somit das Ende des Tageslichts, d. h. die letzte Stunde des Tages, und zu dieser Stunde ertönte das Ave-Läuten der Glocken.

Es gibt wohl kaum noch öffentliche Uhren (später als Uhren all'italiana bezeichnet) auf dieser Welt, die in gleicher Weise die Zeit anzeigen wie diese, oder solche, die noch Zifferblätter aufweisen, auf denen die Stunden im Gegenuhrzeigersinn angeordnet sind; das liegt aber daran, daß fast an allen antiken Uhren in neuerer Zeit Veränderungen vorgenommen wurden.

In der Toskana begann die moderne Stundeneinteilung im Jahre 1750, doch die Bevölkerung gewöhnte sich nicht sofort an den neuen Tagesablauf. Aus dem Mund alter Leute kann man selbst heute noch am Lande sagen hören, »jetzt ist es 24 Uhr«, wenn das Ave-Läuten beginnt.

In anderen Regionen Italiens dauerte die Zeitrechnung nach der Art der hora italica bis in das frühe 19. Jahrhundert fort. Auch bei Manzoni finden wir beispielsweise eine derartige Zeitangabe: Auf Renzos Flucht zur Adda, als er aus Gorgonzola fortgeht, läßt er es 24 Uhr schlagen und bezeichnet damit das Ende des Tages und das Einbrechen der Dunkelheit; nach der Beschreibung der berühmten schlaflosen Nacht in der Hütte schlägt die Uhr von Trezzo 11 Uhr, was einer Stunde vor Tagesanbruch entspricht, also dem Zeitpunkt, den Renzo für sein Aufstehen festgesetzt hatte.

Diese Art, den Tagesablauf von einem Sonnenuntergang bis zum nächsten zu messen, führt ihre Entstehung auf den Beginn der Schöpfung selbst zurück: »Und Gott teilte das Licht von der Finsternis. Und aus dem Abend und dem Morgen ward der erste Tag« (Genesis 1,4,3). Auch die Urkirche bediente sich ihrer.

Sie erhielt schließlich die Bezeichnung hora canonica oder hora italica. Die Kirche setzte das Ende des Tageslichts und das Einbrechen der Dunkelheit in Beziehung zur sicheren Gewißheit, daß das Licht zurückkehren werde – so wie im »Angelus« der Engel in seinem Gruß an Maria allen verkündet, daß der Sohn Gottes, das wahre »Licht der Welt«, kommen wird.

Nicht nur aus alter Gewohnheit oder einfach nur Liebe zu alten Dingen hat die Uhr, sobald der Zeiger nach dem bei Paolo Uccello direkt nachlesbaren Schema neu entworfen und installiert war, wieder die Zeit in der Stundeneinteilung der hora italica anzuzeigen begonnen. Der Grund, warum sie beibehalten wurde, war das Streben nach Erhaltung des engen Zusammenhangs zwischen dem Gerät und seiner Funktion, der Beziehung, die der Ausgangspunkt für die Formgebung und Gestaltung der Uhr war und das Kunstwerk wertvoll und lebendig macht. Es scheint so, als ob in unserer Zeit gewisse Formen der Rückbesinnung oder die Sehnsucht nach Austerity den Menschen zur Suche nach seinem ureigensten Wesen und zur Meditation bringen wollen, und als ob die Neuentdeckung der Uhr mit der sich daraus ergebenden Wiederentdeckung des damaligen Zeitgefühls eine tiefere Bedeutung für die Menschen erhalten könnte. Mit feinem Gespür hebt Goethe diese zusätzliche Bedeutung in seinem Tagebuch der »Italienischen Reise« hervor: »In einem Lande, wo man des Tages genießt, besonders aber des Abends sich erfreut, ist es höchst bedeutend, wenn die Nacht einbricht.« Goethe schreibt diese Worte wenige Tage nach seiner Ankunft in Italien nieder. «..., der Tag hat ein Ende; doch was Tag sei, wissen wir Cimmerier kaum. In ewigem Nebel und Trübe ist es uns einerlei, ob es Tag oder Nacht ist; denn wieviel Zeit können wir uns unter freiem Himmel wahrhaft ergehen und ergötzen? Wie hier die Nacht eintritt, ist der Tag entschieden vorbei, der aus Abend und Morgen bestand; vierundzwanzig Stunden sind verlebt, eine neue Rechnung geht an, die

Glocken läuten ... Diese Epoche verändert sich mit jeder Jahreszeit, und der Mensch, der hier lebendig lebt, kann nicht irre werden, weil jeder Genuß seines Daseins sich nicht auf die Stunde, sondern auf die Tageszeit bezieht. Zwänge man dem Volke einen deutschen Zeiger auf«, schließt Goethe, »so würde man es verwirrt machen; denn der seinige ist innigst mit seiner Natur verwebt.«

Goethe schrieb diese Notizen am 17. September 1786 in Verona nieder. Sie sind bemerkenswert und näherer Betrachtung würdig, jedoch nicht gerade prophetisch, denn kaum viel mehr als ein Jahrzehnt später, in den ersten Jahren des 19. Jahrhunderts, hatten auch alle Italiener (auch die Florentiner, wir sagten es bereits, hatten sich im Jahre 1750 dazugesellt) die Stundeneinteilung à la française, also die von den napoleonischen Truppen mitgebrachte, übernommen und damit für alle Zeiten aufgehört, »die Zeit zu leben«.

Die Siegel von Florenz

Das zweite Kunstwerk im Dom, von dem hier die Rede sein soll, ist das Bildnis, das Domenico di Michelino gemalt hat und das Dante Alighieri darstellt.

Im Jahre 1465, als sich der Geburtstag des Dichters zum zweihundertsten Male jährte, beschloß man, ihm im Dom eine öffentliche Ehrung in Form eines Bildes zuteilwerden zu lassen, auf dem Dante, seine Stadt und die drei Reiche des Jenseits zu sehen sein sollten.

Zur Linken ist die Hölle abgebildet; über ihrem Tor ragt – wie bei einem Stadttor – ein Turm empor. In der Mitte, jenseits eines Flusses, der die Ebene durchfließt, das felsige Gebirge des Fegefeuers, das in neun terrassenförmige Stufen gegliedert ist. Über dem Berg und der gesamten Darstellung wölben sich die sieben Himmel. Im Vordergrund, seitlich von Florenz mit seinen Stadtmauern, steht Dante, aufrecht, den Blick melancholisch auf seine Stadt gerichtet, die Rechte ausgestreckt nach den Reichen des Jenseits, in der Linken das

Buch der »Göttlichen Komödie« haltend, auf dessen aufgeschlagenen Seiten die ersten drei Terzinen des ersten Gesanges aus dem »Inferno« zu lesen sind. Florenz wird so präzise dargestellt wie sonst nie mehr während des gesamten 15. Jahrhunderts: ohne erfundene Zugaben, in getreuer Wiedergabe. Aber das Antlitz der Stadt entspricht nicht der Zeit Dantes, sondern der Zeit von Domenico di Michelino: dem Florenz des Jahres 1465, also jener Stadt, in der Dantes Geist wirkt. Von der aufgeschlagenen Seite der »Göttlichen Komödie« gehen nur in die Richtung zur Stadt hin goldene Strahlen aus, als ob sie von einer echten Lichtquelle, von einer echten Sonne, herrührten. In der Sprache des Malers und der bildlichen Darstellung ist es die gleiche Art von Sonnenlicht, das im traditionellen Bildmaterial von den Heiligen Schriften (den Evangelien oder der »Summa theologica«) ausströmt, um im wahrsten Sinn des Wortes die Christenheit zu erleuchten. Hier auf diesem Bild wirft es seine goldenen Strahlen nicht im abstrakten Sinne, sondern höchst konkret auf die gesamte Stadt, ihre Mauern und Gebäude, die im Goldglanz erstrahlen, sich darin einhüllen und spiegeln. Es geht darum, die faktische und offenkundige Beziehung zwischen dieser Sonne und Florenz darzustellen: die Sonne von Florenz ist die »Göttliche Komödie« von Dante.

Das dritte Kunstwerk ist die »Sacrestia Nuova« (Neue Sakristei). Sie ist die berühmteste der Florentiner Sakristeien, denn sie bot Lorenzo Medici, »dem Prächtigen«, am Morgen des 26. Aprils 1478 Zuflucht, der sich zwar selbst vor dem Mordanschlag der Pazzi retten konnte, jedoch die Ermordung seines Bruders Giuliano mitansehen mußte.

Ihre Berühmtheit verdankt die Sacrestia Nuova seit jeher vor allem ihrer wundervollen Wandverkleidung aus Holz. Dazu gehören Bänke und Schränke mit ungewöhnlich reicher Einlegearbeit. Sie ist das Werk hervorragender »Meister der Perspektive« (so nannte man die Kunsttischler, die die Kunst der Einlegearbeit ausübten), die – allen voran – im Auftrag des

Oberbaumeisters Filippo Brunelleschi bereits 1436 mit dieser Arbeit begonnen hatten. Die engsten Mitarbeiter Brunelleschis, Antonio Manetti und Angelo Lazzaro, hatten den Anstoß für das Ganze gegeben. Sie arbeiteten vier Jahre daran und stellten die Verkleidung zweier Wände (der Nord- und der Südwand) fertig. Zum Abschluß kamen die Arbeiten nach Vorlagen von Maso Finiguerra und Alessio Baldovinetti jedoch erst später, zwischen 1463 und 1465, durch die immense Schaffenskraft der Brüder Benedetto und Guiliano da Maiano. Es gibt kein großartigeres Beispiel für die Verfeinerung der Arbeitstechnik auf diesem Gebiet. Die Ausstattung der Sacrestia Nuova mit Arbeiten aus Holz ist eine vollständige Musterkollektion für die perspektivische Übertragung auf die Ebene des Sichtbaren, eine vollendet harmonische und wohlbemessene Auskleidung des Raumes, ein Schulbeispiel für die Welt im wahrsten Sinne des Wortes. In der Folge entstanden nach diesem Vorbild Repliken, Nachbildungen, Anregungen für die mannigfaltigsten Spielarten einer schöpferischen Phantasie, die im *Trompe-l'oeuil* (Illusionsmalerei) das Motiv und die Stütze für einen kristallklaren intellektuellen und bis zur Verblüffung geometrisch exakten Rationalismus fand.

Leider blieben die herrlichen Holzarbeiten der Sacrestia Nuova - echtes Anschauungsmaterial für die Lehren der Optik und der Geometrie - nicht vollständig und unverändert erhalten. In jüngster Zeit gelang es durch eine gewissenhafte und eingehende Restaurierung, die verblüffende Farbwirkung, die unvergleichliche Rhythmik der geometrischen Harmonie dieses Werkes wiederherzustellen und so diese Titelseite des Buches wieder in alter Frische lesbar zu machen, aus dem wir eine faszinierende und in geradezu magischer Weise menschliche Geschichte erfahren können.

Das letzte Kunstwerk, das hier erwähnt werden soll, gehört dem Dom heute nicht mehr, doch man hofft, daß es bald wieder dorthin zurückkehrt und so wieder an einem Ort aufgestellt wird, der in jeder Beziehung seinem Charakter und Wert entspricht. Derzeit steht es im Dommuseum und stellt sicher das bekannteste und bedeutendste Werk dar, das diese Kirche – seit 1722 – barg: die »Pietà« von Michelangelo. Vasari und Condivi berichten von der Absicht Michelangelos, die Marmorgruppe für sein eigenes Grabmal in S. Maria Maggiore in Rom zu verwenden. Er änderte jedoch später seine Pläne, entweder weil er die Skulptur im Jahre 1561 für zweihundert Scudi an Francesco Bandini verkauft hatte, oder weil er sich inzwischen dafür entschieden hatte, seine letzte Ruhestätte lieber in Florenz als – wie früher vorgesehen – in Rom zu suchen.

Die »Pietà« ist ein großartiges, aber auch revolutionäres Kunstwerk, denn es stellt einen neuerlichen Bruch mit den für die Renaissance charakteristischen Gesetzen des Gleichgewichts dar. Gegenläufige, unerwartet heftige, leidenschaftliche Bewegungen brechen die große Pyramide und kommen erst durch die Spirale der die Figuren verbindenden Gefühle zu Ruhe, die vom höchsten Punkt der Gruppe – dem Kopf des Nikodemus (in dem sich der Meister gleichsam eine Selbstbildnis geschaffen hat) – ausgeht und lyrisch herabgeführt wird, um den zu Boden gleitenden Körper Christi gleichsam zu stützen. Die einzelnen Körper der Figuren verschmelzen, ja durchdringen sich ebenso wie ihre Gefühle. Man hat in der Geste des Nikodemus, der wie ein Priester bei der Trauung die Mutter mit dem Sohn in tiefer Ergriffenheit vereinigt, oft eine Aussöhnung Michelangelos mit dem Gedanken an den Tod als letzter Befreiung der Seele gesehen. Und in der Tat bedeutet dieses Werk den Anfang einer Entwicklung, in deren weiterem Verlauf die künstlerische Sprache zu höchster Vollendung geführt wird: ab diesem Zeitpunkt tritt die Materie unter den Hieben des Meißels immer stärker zurück. So auch in der »Pietà Rondanini«, wo die Form zur Idee wird – Durchgeistigung in der Hingabe des Körpers.

»Himmelfahrt Mariä« von Nanni di Banco; Dom von Florenz, Porta della Mandorla.

Die Piazza del Duomo
(Domplatz) bildet den Kern-
und Ausgangspunkt
florentinischer Stadtbaukunst
und liegt im Zentrum der
Hauptachse, die sich von S.
Annunziata und San Marco
bis zu den Uffizien und über
den Arno hinaus bis zum Kern
des Palazzo Pitti fortsetzt. In
den Gebäuden des Platzes
spiegeln sich die Wechselfälle
der ruhmreichsten und
repräsentativsten Ereignisse
der Stadtgeschichte. War der
Platz im Mittelalter durch
Baptisterium, Dom und
Campanile religiöses Zentrum
der Stadt, so verband sich
später – aufgrund der
Erhabenheit und des
Reichtums seiner Monumente
– mit dieser rein liturgischen
Funktion die der
Repräsentation politischer und
wirtschaftlicher Macht. Im
Lauf der Jahrhunderte, vom
13. bis über das 16.
Jahrhundert hinaus,
manifestierte sich hier die
florentinische Kunst und
Kultur mit ihrem sowohl
bewahrenden als auch
erneuernden Charakter dank
der Kontinuität einer
Tradition, die nie unvereinbar
mit Neuem war. Hier
verschmelzen die Werke
Arnolfo di Cambios und
Giottos, Pisanos und
Ghibertis, Brunelleschis,
Donatellos, Masaccios und
Paolo Uccellos zu einem
gewaltigen Akkord. Hier
verfeinern sich die
schöpferischen und
wirtschaftlichen Kräfte der
Stadt in der Kunst.

Das Baptisterium

Obwohl es heute angesichts der gewaltigen Ausmaße von S. Maria del Fiore eine untergeordnete Stellung einnimmt, besitzt das Baptisterium von S. Giovanni in Wahrheit weit größere historische Bedeutung: An diesem Bauwerk zeigt und verwirklicht sich jene »klassizistische« Kontinuität, die das Herzstück florentinischer Kunst und Kultur bildet. Obwohl noch nicht alle Fragen zur Datierung geklärt sind, geht die Entstehungszeit wahrscheinlich auf das 4.-5. Jahrhundert zurück. Dante hielt es für römisch oder klassisch. Eigentlich hat das Baptisterium eine Struktur, die ihrerseits auf noch älteren Grundlagen fußt, wie es die Fundstücke neuerer Ausgrabungen nahelegen. Die beiden korinthischen Säulen im Untergeschoß sind erhalten geblieben. Die Attika und der Kämpfer der Kuppel sind in die romanische Ausschmückung einbezogen. Das frühchristliche Baptisterium war wohl von Anfang an liturgisch mit der alten Kathedrale von S. Reparata verbunden, die mehrmals vergrößert und schließlich zerstört wurde, um für S. Maria del Fiore Platz zu machen. Wahrscheinlich übernahm das Baptisterium während einer solchen »Vergrößerungsaktion« des Doms, der dadurch zeitweilig unzugänglich war, die Gottesdienstfunktion (zwischen 1059 und 1128), einfach weil es geräumig genug war. Die jetzige äußere Erscheinung geht auf das 12.–13. Jahrhundert zurück und betont durch ihre perfekte strenge Unterteilung die klare Geometrie der auf einem Oktogon aufbauenden, an das Prisma eines Kristalls erinnernde Baustruktur. Die Marmor-Inkrustationen (weißer Carrara- und grüner Prato-Marmor) bestimmen auf jeder Seite die Dreiteilung der Geschosse sowohl in der Vertikalen (Sockelzone, Mittelgeschoß, Attika und Kämpfer der Kuppel) als auch in der Horizontalen. Die horizontale Dreiteilung besteht im Erdgeschoß aus Lisenen korinthischer Ordnung, im Mittelgeschoß aus Blendbogen auf achteckigen Halbsäulen, die abwechselnd rund- und spitzgieblige Tabernakelfenster umschließen, und an der Attika aus einem einfachen Schmuckfries. Die Dreiteilung wiederholt sich auch im Innern. Die weite Kuppel – im Innern aus acht Kappen zusammengefügt – zeigt außen ein Pyramidendach. Das Baptisterium hat drei Eingänge. Zwischen dem 14. und 15. Jahrhundert erhielten sie ihr berühmtes Aussehen. Dem Hauptportal (nach Osten und zum Dom hin ausgerichtet) gegenüber liegt die rechteckige Chorkapelle (»Scarsella«), die den Altar beherbergt (ursprünglich in Halbkreisform geplant). Rechts sehen wir das Nordportal mit den Türflügeln von Lorenzo Ghiberti. Über dem Architrav die Figurengruppe »Der Täufer lehrt den Pharisäer und den Leviten« von Francesco Rustici (1506–1511).

Die älteste Tür des Florentiner Baptisteriums wurde für den Haupteingang – auf der dem Dom zugewandten Ostseite – geschaffen, später jedoch an die Südseite versetzt, wo sie sich noch heute befindet (Seite 20). Sie wurde bei Andrea di Pontedera – genannt Andrea Pisano – in Auftrag gegeben. Es war das erste große Bronzegußunterfangen gotischer Zeit und wurde in sieben Jahren fertiggestellt. Die Türflügel sind in 28 Relieffelder unterteilt, die von rosetten- und löwenkopfgeschmückten Friesen eingefaßt sind. Auf den Relieftafeln sind Episoden aus dem Leben des Täufers dargestellt. Jedes Bild ist in einen gotischen Vierpaß eingefügt. Das Detail links gibt die »Taufe Christi« wieder.

Die Außenrahmung der Tür stammt von Lorenzo Ghibertis Sohn Vittorio. Ebenfalls in Bronzeguß zeigt sich hier eine reiche Pflanzenornamentik (1452–1462).

Links drei Relieftafeln des Südportals: Seite 22 oben der »Glaube«, eine der acht personifizierten Tugenden, die die beiden unteren Tafelreihen bilden. Seite 22 unten »Der Kopf des Johannes wird vor Herodias gebracht«. Links ist ein Ausschnitt aus der »Taufe der Jünger« zu sehen. Jede Figur und jede Szene wurde meisterhaft in das harmonische Linienspiel der Komposition eingepaßt. Das glänzende Gold der Figuren hebt sich von dem bronzenen Grund ab, der als abstrakter Bildraum kaum Hinweise auf eine natürliche oder architektonische Umgebung gibt. Die Komposition ist in sich geschlossen und setzt das Verhältnis zwischen Bild und Grund fest. Fest und geschlossen ist auch der Ablauf der Bildfolge, der sich über die gesamte Türflügel hinzieht. Das Erscheinungsbild ist also »klassisch« und nähert Andrea Pisano an Giotto an, an dessen Seite der viel jüngere Pisano auch am Bau des Campanile mitwirkte. Es nähert ihn noch stärker an Nicola Pisano an, der ihn dazu brachte, die Effekthascherei und Manieriertheit der Gotizismen Giovanni Pisanos (Florentiner Schule) abzulehnen.

1401 fand der Wettbewerb um die Errichtung des zweiten Portals statt. Wiederum handelte es sich um die Osttüre, da das Portal Andrea Pisanos an den Südeingang versetzt werden sollte. Jeder der sieben beteiligten Künstler – darunter Filippo Brunelleschi und Jacopo della Quercia – mußte ein Probestück mit dem Thema der »Opferung Isaaks« anfertigen. Gewinner wurde Lorenzo Ghiberti, von Beruf Goldschmied, der sich aufgrund der Besonderheit seiner Komposition und ausgereiften Technik hervorhob. Die Arbeiten an dieser Tür dauerten bis 1424. Die Einteilung erfolgte in Anlehnung an Andrea Pisanos Türflügel. Dargestellt sind Szenen aus dem Leben Christi sowie Evangelisten und Kirchenväter. Jedes Bild ist einem quadratischen Vierpaß eingeschrieben. An den Kreuzungspunkten der Rahmenleisten befinden sich erlesen gearbeitete Prophetenköpfe (hier zwei Beispiele), die sich rundplastisch aus den Pflanzenornamenten erheben.

Die zweite Baptisteriums-Tür
steht am Beginn der Karriere
Lorenzo Ghibertis. Die dritte
Tür markiert deren
Gipfelpunkt. Es heißt, daß
Michelangelo sie
»Paradiestür« nannte.
Konzipiert für den
Nordeingang, wurde sie
wegen ihrer
außerordentlichen Schönheit
jedoch am Osteingang
angebracht. Ghibertis erste
Tür wanderte dafür zum
Nordeingang. Unter
Mitwirkung von Gehilfen aus
seiner vielbesuchten Werkstatt
arbeite Ghiberti von 1425 bis
1452 an diesem Werk. Das
Bildprogramm sah Szenen aus
dem Alten Testament und
weitere biblische Episoden
vor. Der Künstler fügte diese –
mit geradezu magischem
Geschick – in breite,
perspektivisch aufgefaßte
»Fenster« ein. Rechts oben die
Erschaffung Adams und Evas,
der Sündenfall und die
Vertreibung aus dem
Paradies. Rechts unten die
Arche Noah, Noah pflanzt
den Weinstock und der
trunkene Noah wird von
Cham verhöhnt (auf der
folgenden Doppelseite ein
Ausschnitt daraus). Die
Abbildungen der Tafeln
geben den jetzigen Zustand
wieder – sie sollen jedoch
restauriert werden. Die
Gesamtaufnahme links mit
der vollständigeren
Vergoldung dokumentiert
dagegen den Zustand nach der
Restaurierung von 1948 (Foto:
Scala, 1950).

Ghiberti veranschaulichte die
für die Frührenaissance so
bedeutungsvollen
Bildthemen. Gemeinsam mit
Donatello, Alberti und
anderen Florentinern
diskutierte er die Probleme
der Renaissance-Kunst,
erläuterte und vertiefte das
Grundanliegen der neuen
Figurenauffassung: die
Perspektive. In den zehn
großen Bronzetafeln der
Paradiestür ruft die
perspektivische Darstellung
den Eindruck von
Himmelsraum, fernen
Landschaften, monumentaler
Architektur,
Menschansammlungen und
herauswachsenden Figuren
hervor. Vieles in nahezu
rundplastischer Ausprägung,
trotz der dünnen Tafeln. Die
starke Illusion von
Räumlichkeit bildet einen
Gipfel in der
Kunstentwicklung.
»Malerisch« aufgefaßt, stellen
sich die Tafeln in perfekter
Bildorganisation dar. Die
verwendete Technik
entwickelte sich aus der Licht-
und Farbauffassung der
Malerei.
Oben rechts »Die Erscheinung
der drei Engel bei Abraham«,
»Die Opferung Isaaks« (Seite
31 ein Ausschnitt). Unten
rechts »Moses empfängt die
Gesetzestafeln«. Seite 32 zeigt
zwei Sibyllen, Seite 33 oben
ein Detail aus »Josua vor
Jericho« und unten den
»Besuch der Königin von Saba
bei Salomon«.

31

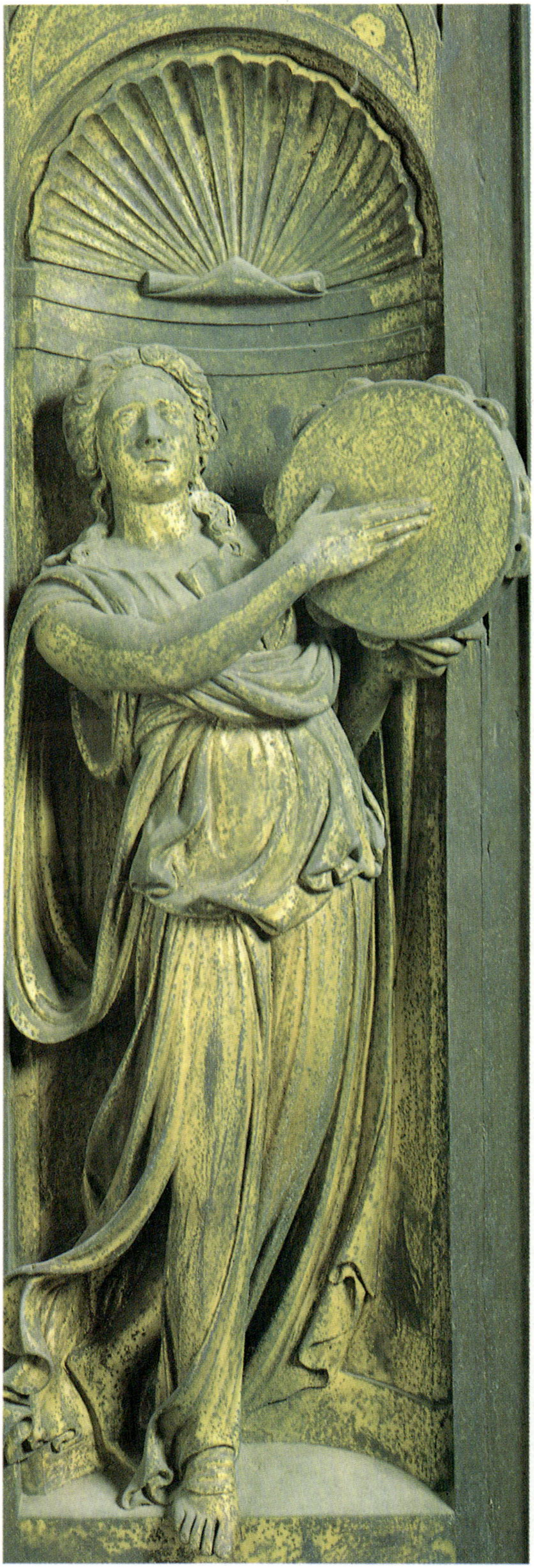

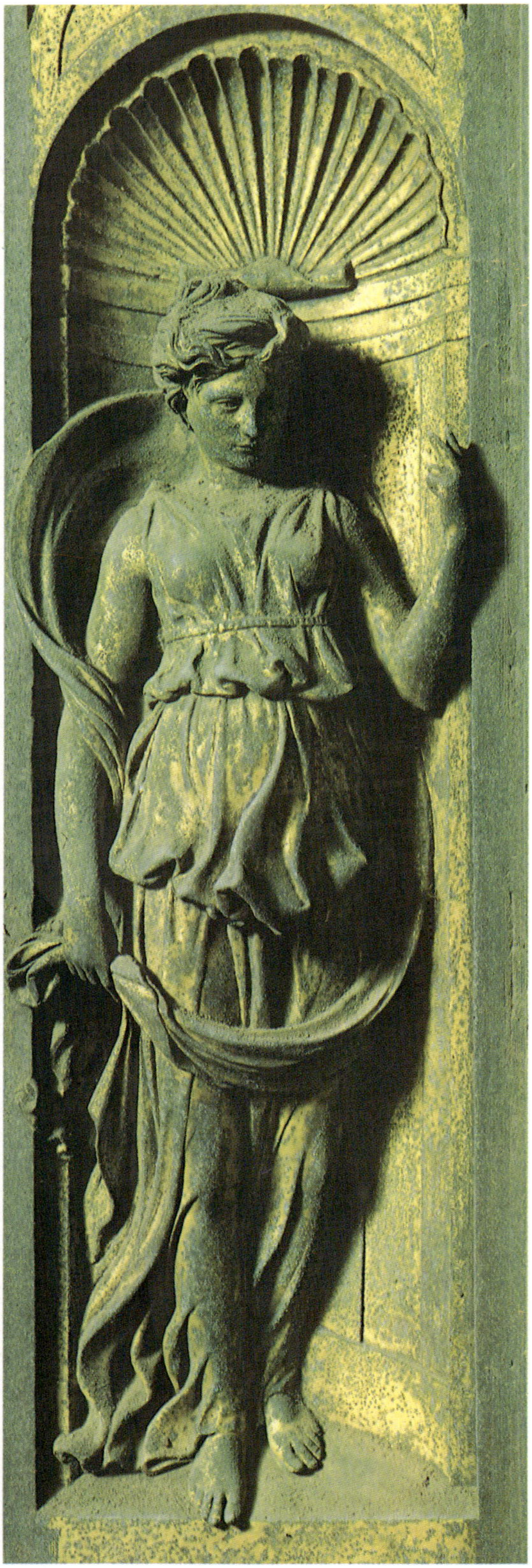

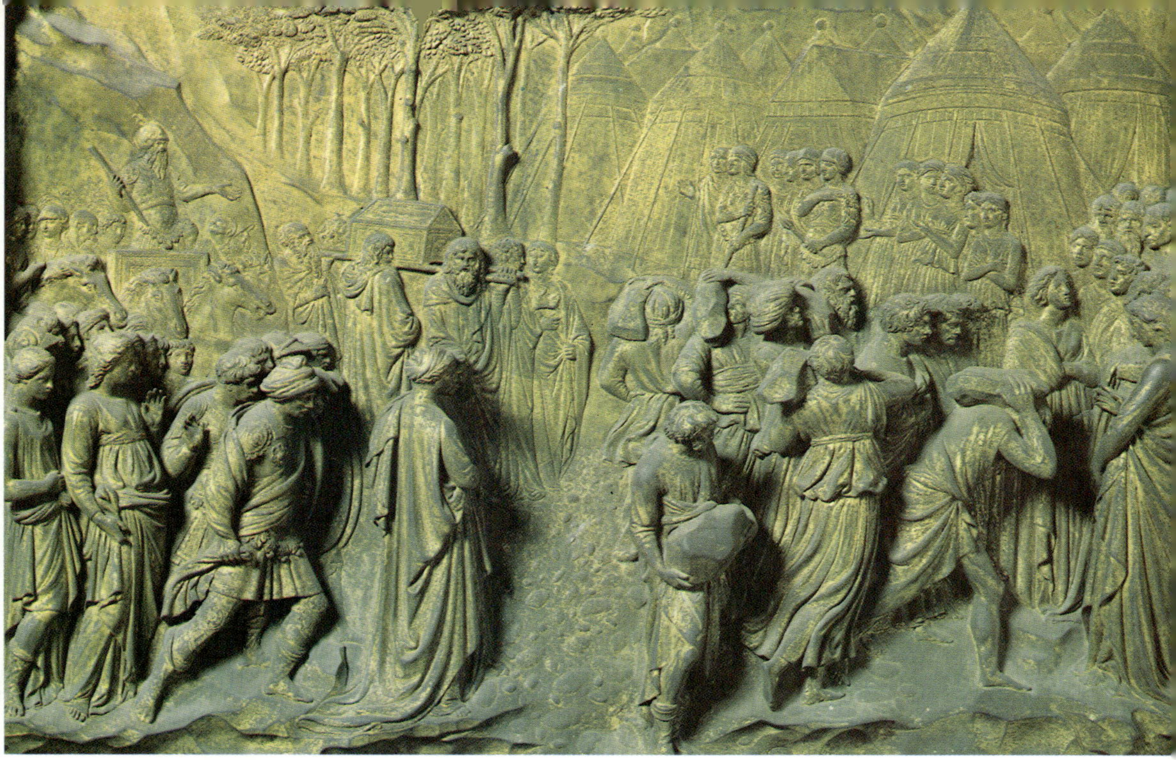

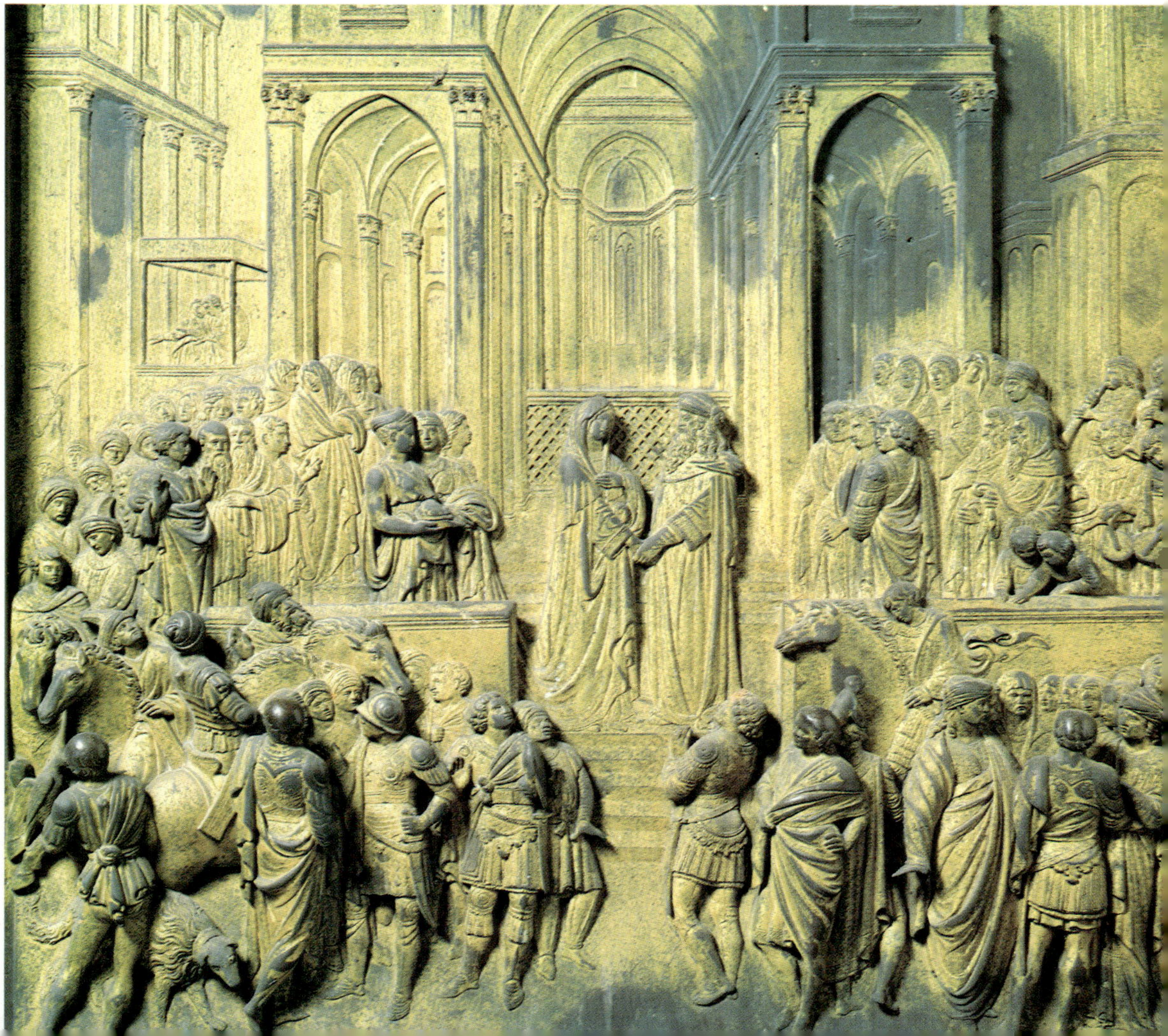

Die »Hl. Magdalena« – ehemals im Baptisterium und jetzt im
Dommuseum – wurde zwischen 1453 und 1455 von Donatello geschaffen.
Folglich gehört sie in Donatellos Spätwerk. Donatello war von den
humanistischen Idealen ausgegangen und ersetzte sie später durch eine
pessimistische Auffassung von Mensch und Geschichte. Er zeigt nicht mehr
den Menschen, der den Lauf der Dinge bestimmt, sondern den Menschen,
der an seine ureigene Grenze stößt: den Tod. Es ist sicher diese Fähigkeit,
den Kampf zwischen Leben – in der verbleibenden Schönheit – und Tod –
im Verfall des Leibes – an einer Figur zu verdeutlichen, die dieses Werk so
großartig macht.

Die Kuppel des Baptisteriums
(links) ist vollständig von
Mosaiken bedeckt, die im 14.
und 15. Jahrhundert von
venezianischen Mosaizisten
angefertigt wurden. Sie
arbeiteten jedoch in vielen
Fällen nach den Vorlagen
florentinischer Künstler:
Meister der Magdalena,
Cimabue und Coppo di
Marcovaldo. Letzterer schuf
die Vorlage zu der
monumentalen Darstellung
von Christus als Weltenrichter
(über 8 m hoch). Außer dem
»Jüngsten Gericht« zeigen die
Mosaiken die Geschichte
Johannes des Täufers, die
Geschichte Josephs sowie
Szenen aus der Genesis.
Rechts ist das Grabmal des
Gegenpapstes Johannes
XXIII., Kardinal Baldassare
Coscias, abgebildet, der 1419
in Florenz starb. Es wurde
sowohl in der
architektonischen Anlage als
auch im Skulpturenschmuck
von Michelozzo und
Donatello konzipiert. Ersterer
schuf das Relief der Madonna
mit dem Kind sowie die
Figuren der Tugenden in der
Sockelzone. Von Donatello
dagegen stammt die liegende
Figur unter dem Baldachin.
1427 fertiggestellt, fügt sich
das Grabmal perfekt in den
Säulenzwischenraum ein.
Durch die Säulenanordnung
(auf der folgenden
Doppelseite) erfahren die
Wände eine Dreigliederung.
Über dem Gebälk wird diese
Einteilung durch marmorne
Lisenen wiederaufgenommen,
die die eleganten,
zweigeteilten Bogenöffnungen
des Laufgangs umrahmen.

S. Maria del Fiore

1294 beschlossen die Florentiner, die alte Kirche S. Reparata durch einen neuen Dom zu ersetzen, der später den Namen S. Maria del Fiore erhielt, in Anspielung auf das Zeichen der Lilie im Stadtwappen. Es sollte eine Kirche entstehen, die durch ihre Ausmaße und ihren Reichtum das Ansehen der Stadt in würdiger Form repräsentieren könnte. Der ursprüngliche Plan stammt von Arnolfo di Cambio und bestimmte das endgültige Aussehen des Bauwerks von Anfang an bis zur viel später erfolgenden Vollendung. Der Architekt und Bildhauer Arnolfo di Cambio hatte bei Nicola Pisano (einem Spezialisten für romanische und süditalienische Kunst) gelernt. Er konzipierte seine Basilika klassischer Ausprägung mit drei weiten Schiffen, die in das »Kleeblatt« der Chorarme münden sollten. Die Chorarme sind ihrerseits dem weiten Kuppelraum angefügt. Arnolfo begann mit dem Bau der Fassade. Als er 1301 starb, war sie gerade bis zur halben Höhe mit Statuen und farbigen Marmor-Inkrustationen versehen worden. Der Bau blieb unvollendet stehen. Erst nach 1357 wurde weitergearbeitet. Unter der Leitung Giottos und Andrea da Pontederas wuchs nun der Campanile empor. Auf der Basis eines neuen Entwurfs von Francesco Talenti ging dann auch der Bau am Dom selbst weiter: Die rhythmische Einteilung der Joche im Langhaus wurde festgesetzt (quadratisch im Mittelschiff, rechteckig in den Seitenschiffen), und man legte »unter Glockengeläut, Orgelklängen und Gesang den ersten Grundstein für die erste Säule«. Die Bauarbeiten am Kirchenschiff und an den Seiten schritten rasch voran. Zuerst unter Talenti, dann unter Giovanni di Lapo Ghini (1364–1370). Um diese Zeit legte man auch den Entwurf für die Apsiden fest, der in erweiterter Form das »Kleeblatt« des Arnolfianischen Entwurfs wieder aufnimmt und den Lichteinfall in der Kuppel (Durchmesser ca. 45 m) bestimmt. Die Deckung der Kuppel war für die Baumeister ein gewaltiges technisches Problem. 1418 stellte sich Brunelleschi Seite an Seite mit Ghiberti dieser Herausforderung. Später arbeitete Brunelleschi allein weiter und fand schließlich – geleitet von genialer Intuition und großem technischem Wissen – die optimale Lösung. Bereits 1436 zur vollen Höhe gebracht, wurde die Kuppel 1468 (nach dem Tod Brunelleschis) mit der Errichtung der Laterne fertiggestellt (rechts).

42

*Eine Zeichnung aus dem
16. Jahrhundert, die im
Dommuseum aufbewahrt
wird (links), legt am
ausführlichsten Zeugnis davon
ab, wie die Domfassade von
Arnolfo di Cambio konzipiert
und teilweise auch ausgeführt
wurde. 1587 riß man diese
Fassade ab, um eine neue,
dem Zeitgeschmack eher
entsprechende zu gestalten.
Der Figurenschmuck der
ursprünglichen Fassade wurde
z.T. im Kircheninnern
plaziert, teilweise an andere
Orte gebracht (das meiste
davon heute im
Dommuseum). Die jetzige
Fassade (rechts) errichtete der
Florentiner Architekt Emilio
De Fabris zwischen 1871 und
1879. Der Stil entspricht dem
romantisierenden
Historizismus dieser Epoche.
Obwohl sich diese
Fassadengestaltung an den
ornamentalen Motiven und
der Farbgebung der Seiten
orientiert, gelang es nicht,
Neues mit Altem harmonisch
zu verbinden.*

Unter den verschiedenen
Statuen der Domfassade
befanden sich auch die
ursprünglich in den Nischen
der Sockelzone angebrachten
vier Evangelisten: St.
Matthäus von Ciuffagni, St.
Markus von Niccolò Lamberti,
St. Lukas von Nanni di Banco
und St. Johannes von
Donatello (links); die
mächtige Figur des hl.
Johannes (1415) scheint
Michelangelos Moses
vorwegzunehmen. Donatello
hatte zuvor bereits an der
»Porta della Mandorla«
(rechts) mitgewirkt
(Nordseite), und zwar war er
an der Ausschmückung des
Wimpergs und an den
Prophetenstatuen beteiligt. An
diesem berühmten Portal, das
von Nanni di Bancos spätem
Relief »Himmelfahrt Marias«
beherrscht wird (1414–1421),
legte ein weiterer berühmter
Florentiner Künstler – Jacopo
della Quercia – Hand an. Ihm
wurde die »Verkündigung«
(Dommuseum) im Tympanon
anvertraut. 1491 ersetzte man
sie durch ein Mosaik
Ghirlandaios, das ebenfalls
die Verkündigung zum
Thema hat. So vereinigen sich
in diesem Portal verschiedene
Perioden florentinischer
Bildhauerkunst: von der
Gotik (die Nannis
Marienfigur noch
durchdringt) über den frühen
Humanismus (repräsentiert
durch den jungen Donatello)
bis zum reifen Klassizismus.

Links die südliche Tribuna, eingerahmt von Eckpfeilern der Domfassade und vom Campanile. Rechts ein Detail aus dem Fünfachtel-Oktogon eines Chorarms mit den dreiseitigen Strebemauern, die Ober- und Untergeschoß miteinander verbinden. An der Außengestaltung des Doms und des Campanile wird die traditionelle Musterung mit verschiedenfarbigem Marmor wiederaufgenommen, die – jedoch in stärker gotisierender Form – typisch für die toskanische Romanik ist. In Pisa, Lucca und auch in Florenz (Baptisterium, S. Miniato) waren diese Muster längst gang und gäbe. Schon die alte Domfassade und die von Arnolfo

begonnenen Seiten waren in dieser Art verkleidet. Weißer Carrara-, grüner Prato- und roter Maremma-Marmor ergänzen sich zu einem Ensemble von Marmorplatten, das von Portalen und zweibogigen Fenstern mit gedrehten Säulen und gestelzten Tabernakeln unterbrochen wird. Auf der Chorseite beschließen große Blendbogen den Vertikalschwung der Lisenen und unterstreichen die ansteigenden Volumen der die Kuppel umgebenden Chorarme.

Links sehen wir das Innere des Doms. Das Mittelschiff wird durch mächtige Gliederpfeiler und hohe Spitzbogenarkaden bestimmt, deren getragene und majestätische Abfolge nichts von der vibrierenden Unruhe der Gotik nördlich der Alpen hat. Mittelpunkt des Gebäudes ist die Kuppel. Alle Architekturteile sind – einem rationalen Hierarchiegedanken folgend – auf sie hin ausgerichtet. Diese zentrale Bedeutung der Kuppel ist für die gotische Architektur sehr ungewöhnlich und widerspricht deren vager, gefühlsbetonter Raumauffassung. Den Bau des Kirchenschiffs leitete Francesco Talenti, und man nimmt an, daß er die Zahl der Joche und Pfeiler gegenüber Arnolfos Plan reduzierte. Rechts das Grabmal des Bischofs Antonio d'Orso, der 1321 starb. Das von Tino da Camaino geschaffene Stück ist rechts neben dem Hauptportal angebracht. Einige Teile fehlen, andere befinden sich im Bargello-Museum von Florenz sowie in ausländischen Museen und Sammlungen. Erhalten ist lediglich der reliefgeschmückte Sarkophag mit der eindrucksvollen Sitzfigur des Toten.

Links die große Uhr an der Rückseite der Domfassade. Das Zifferblatt mit den Prophetenköpfen malte Paolo Uccello (1443). Es ist eine der ältesten noch existierenden mechanischen Uhren und eine der ganz wenigen, die noch die alte Zeiteinteilung von Sonnenuntergang zu Sonnenuntergang aufweist. Rechts ein Ausschnitt aus dem Gemälde »Dante und seine Welten« von Domenico di Michelino: Vom Buch der »Göttlichen Komödie« gehen Strahlen aus, die Florenz beleuchten (1465). Das Gemälde befindet sich im linken Seitenschiff.

Auf den beiden folgenden Seiten links das gemalte Reiterbild für Giovanni
Acuto (so wurde John Hawkwood in Italien genannt), den englischen
Söldnerführer und Befehlshaber des florentinischen Heeres von 1377 bis zu
seinem Tod 1394. Die mittlerweile auf Leinwand übertragene
Freskomalerei stammt von Paolo Uccello (1436). Hieran orientierte sich
Andrea del Castagno, als er ein ebenfalls gemaltes Reiterdenkmal (rechts)
für den Söldnerführer Niccolò da Tolentino ausführte (1456, ebenfalls auf
Leinwand übertragen). Beide Werke befinden sich im linken Seitenschiff.

52

Der Bau der Domkuppel war eines der größten Unternehmen der Renaissance-Zeit: Von den langen Diskussionen um die Konstruktionsprobleme zeugen Chroniken und Dokumente des frühen 15. Jahrhunderts. Wieder gab es Wettbewerbe unter lebhafter Anteilnahme der gesamten Bürgerschaft. In einer Bekanntmachung des Jahres 1418 forderte man die Architekten auf, Modelle und technische Einzelheiten vorzustellen. Ghiberti und Filippo Brunelleschi taten sich hervor, letzterer wegen der Neuartigkeit seiner Entwürfe schon oft kritisiert. Er sollte künftig allein für den Bau der Kuppel verantwortlich sein. Die von Brunelleschi ausgearbeitete endgültige Form der Kuppel setzt sich aus zwei ineinandergeschobenen Ziegelschalen zusammen. Die Kuppel ist selbsttragend und wölbt sich ohne Unterstützung durch die Rippen empor (in diesem besonderen Fall, in Anbetracht der Weite des Kuppelraums, war das Projekt fast nicht realisierbar und kaum zu bezahlen). Die äußere Kuppelschale mit den Kappen und aufgelegten Rippen aus Stein wurde viel weiter und »aufgeblähter« als die innere, deren spitzbogige Wölbung sie dennoch genau wiedergibt.

Das links abgebildete Kuppelinnere ist vollständig von einem Fresko mit dem »Jüngsten Gericht« überzogen. Es wurde von Vasari begonnen (1572–1574) und von Federico Zuccari unter Mitwirkung von Assistenten vollendet (1578–1579). Eine laut Sanpaolesi »nachlässige« Malerei, »die durch die Aufeinanderfolge konzentrischer Ringe jeden Schwung verloren hat und sich in den Schatten des Kuppelraums verflüchtigt«. Tatsächlich sollten die Wände ursprünglich wie im Baptisterium mit Mosaiken überzogen werden. Es gibt Forscher, die behaupten, daß die Kuppel – wie Brunelleschi sie konzipiert hatte – hätte weiß bleiben müssen, um die Klarheit der Architektur besser unterstreichen zu können. Im letzten Jahrhundert wollte man sogar versuchen, das Fresko mit Leinwand abzudecken, um die Wirkung einer möglichen weißen Übermalung abschätzen zu können. Man verwarf diesen Plan jedoch wieder. Unterhalb des Kuppelfreskos umläuft eine Galerie das Oktogon, eine zweite schließt den Tambour nach unten ab. Die Tambourfenster wurden zwischen 1434 und 1444 nach Vorlagen berühmter Florentiner Künstler – Donatello, Paolo Uccello, Andrea del Castagno und Ghiberti – geschaffen (Foto: Scala).

Seite 56 der Chor von oben. Im Zentrum sieht man die Marmorbrüstung (mit bemerkenswertem Reliefschmuck), die Baccio Bandinelli nach Plänen Giuliano di Baccio d'Agnolos schuf (1555). Über dem Hauptaltar, ebenfalls von Bandinelli, erhebt sich ein wertvolles Holzkruzifix, das aus der Hand Benedetto da Maianos (1495–1497) stammt. Das zentrale Oktogon des Presbyteriums weist sechs offene und zwei geschlossene Seiten auf. Die offenen führen zu den drei Chorarmen (Tribunen), die den Apsidenkomplex bilden. Jeder Chorarm enthält fünf strahlenförmig angeordnete Kapellen, die offensichtlich Bezug auf die kranzförmig angebrachten Kapellen französischer Kathedralen nehmen. Hier handelt es sich jedoch um einen stärker gegliederten Komplex, der auf der florentinischen Bautradition von Zentrierung und Symmetrie beruht. Die zwei geschlossenen Seiten begrenzen hingegen den von den Sakristeien eingenommenen Raum. Glasierte Terrakotta-Lünetten von Luca Della Robbia überwölben beide Sakristeitüren: über der Tür zur Alten Sakristei ist Christi Himmelfahrt dargestellt (oben), über der zur Neuen Sakristei die Auferstehung Christi (unten).

Luca Della Robbia schuf auch die Bronzetür der Neuen Sakristei (1445–1469), von der hier zwei Details abgebildet sind (oben). An dieser Arbeit, die aus zehn Reliefplatten besteht, beteiligten sich Michelozzo und Maso di Bartolomeo. Die Neue Sakristei ist aber nicht nur wegen ihrer Kunstschätze berühmt – neben den Werken Della Robbias vor allem die Intarsienschränke von Giuliano und Benedetto da Maiano (1463–1465) –, sondern auch, weil sie 1478 Lorenzo dem Prächtigen beim Mordanschlag der Pazzi Zuflucht bot (Lorenzos Bruder Giuliano wurde damals jedoch im Dom, in der Nähe des Hauptaltars, ermordet). Unten der mit Reliquien bestückte Bronzeschrein des hl. Zenobius (Bischof von Florenz und - gemeinsam mit dem hl. Johannes – Schutzheiliger der Stadt). Er ist das Werk von Ghiberti und befindet sich in der mittleren Chortribuna (1432–1442). Auf drei Seiten sind Szenen aus dem Leben des Heiligen abgebildet, die vierte Seite zeigt Engel, die eine mit altertümlichen Schriftzeichen bedeckte Krone tragen.

Die beiden Sängerkanzeln (heute im Dommuseum) waren ursprünglich über den Sakristeitüren angebracht. Anläßlich der Hochzeit von Ferdinando de'Medici mit Violante Beatrix von Bayern (1686) hatte man sie entfernt und durch große hölzerne Tribünen ersetzt. Die linke Abbildung zeigt die ursprünglich auf der Seite der Alten Sakristei befindliche Cantoria (Sängerkanzel) von Luca Della Robbia – eines seiner Hauptwerke. Er schuf sie, inspiriert durch die Worte des 150. Psalms: Singende, musizierende und tanzende Kindergestalten und Putti bewegen sich in einer Atmosphäre freudiger Ausgelassenheit. Mit diesem Werk fand Della Robbia – Ghiberti und Donatello folgend – eine neue Lösung für die Reliefkunst, indem er die ideale Vollständigkeit von Statuen nachempfindet (Argan). Tatsächlich steigert er die illusionäre Tiefenwirkung der Reliefplatten »nicht etwa durch perspektivische Andeutungen, sondern durch eine schrittweise Steigerung der Modellierung von hinten nach vorne und findet damit den Übergang von einer perspektivischen zu einer natürlichen Raumangabe«, bis der Eindruck rundplastischer Figuren erreicht wird.

Im Bereich florentinischer Skulptur des 15. Jahrhunderts hat Luca Della Robbia sicherlich Werke geschaffen, die einem weiter entwickelten Klassizismus zugerechnet werden können. Aber der Klassizismus Della Robbias ist eher als ein Verhaftetsein in den humanistischen Idealen der Zurückhaltung, Mäßigung und Zügelung der Leidenschaften zu verstehen, nicht als eine neue Kunstauffassung. Tatsächlich trifft man in Della Robbias Werken eine Suche nach Ausdruck, ein Augenmerk für realistische Details, die ihn von den streng puristischen Strömungen entfernen und darauf hindeuten, daß er Donatello viel zu verdanken hat.

An den Putti und Engeln der Sängerkanzel sieht man z. B. neben Figuren von perfekter Abstraktion solche, die ein eher volkstümliches Aussehen haben oder eine vertrauliche Haltung zeigen, wie man auf den Seiten 62–65 sehen kann. Den Ruhm des Werks machen genau dieser tiefe Sinn für das Menschliche, die Lebhaftigkeit und die erzählerische Frische aus. Ausgeführt zwischen 1433 und 1439, ist diese marmorne Sängertribüne die erste von Luca Della Robbia überlieferte Arbeit, wenngleich der Künstler mit Sicherheit bereits an anderen Arbeiten tätig war.

Als Donatello 1433 an seiner Sängertribüne zu arbeiten beginnt, ist er eben von seiner zweiten Rom-Reise zurückgekehrt. Dort hatten ihn die spätantiken Kunstformen stark beeindruckt, die sich zwar des klassischen Kanons bedienen, ihn jedoch in einen anderen Zusammenhang stellen: An Stelle von Maß und Gleichgewicht tritt die Lust am Ungewöhnlichen, an kuriosen Details und launigen Einfällen. Daher erscheint Donatellos Tribüne zwar vom Motiv her klassisch (Puttenfries), folgt in Wirklichkeit aber mit ihrer ungezügelten Bewegtheit neuen Idealen. So kann man das Werk als »dionysisch« bezeichnen (verglichen mit dem apollinischen Ebenmaß von Della Robbias Sängertribüne). Die Architekturelemente unterstreichen diesen Eindruck mit ihren ungewöhnlichen goldenen Mosaik-Inkrustationen auf den paarig angeordneten Säulen. Die Suche nach einem betont malerischen Geschmack wurde mit Spiegeln aus gefärbtem Marmor, Kronen, Girlanden, Putten, einem Muschelfries und mit Amphoren verzierten Marmorkonsolen angestrebt, also dem ganzen Repertoire einer »antiken Phantasiewelt«, das auch die stützenden Teile charakterisiert.

Die »Pietà« Michelangelos
(Dommuseum) stand
ursprünglich in der ersten
östliche Kapelle des linken
Chorarms. Sie ist das
berühmteste Kunstwerk des
ganzen Doms. Zwischen 1550
und 1555 entstanden, hatte
Michelangelo sie für das
eigene Grab geplant, das er in
der Kirche S. Maria Maggiore
(Rom) zu erbauen vorhatte.
Dann jedoch verkaufte er die
Pietà an Francesco Bandini,
der sie in seinen Gärten in
Montecavallo aufstellte.
Vermutlich blieb sie dort bis
1674, als Cosimo III. Medici
sie zurück nach Florenz
brachte. Die Marmorgruppe
erlitt bereits früh
unterschiedliche
Verstümmelungen. Seit der
Versuch unternommen wurde,
die Beine der Christus-Figur
abzuändern, läuft eine
Bruchlinie – entlang einer
Marmorader – durch diese
Gestalt. Michelangelo selbst
hinterließ die Pietà unfertig
(noch immer fehlt das linke
Bein). Später nahm Tiberio
Calcagni die Arbeit nochmals
auf, sammelte die Fragmente
und versuchte sie zu
restaurieren. Danach bemühte
er sich sogar um die
Vollendung, indem er an
verschiedenen Stellen
Änderungen vornahm und –
leider – die Figur der
Magdalena vollkommen
umgestaltete.

Der Campanile

Der Bau des Campanile wurde 1334 begonnen, als der zum
Dombaumeister ernannte Giotto den Bau am Kirchenschiff
vernachlässigte und seine Aufmerksamkeit diesem neuen
Architekturelement zuwandte. Nach seinem Tod (1337) ging
die Bauleitung auf Andrea Pisano über und danach (1348) an
Francesco Talenti, der den Campanile in der heutigen Form
vollendete (Mitte). Der schlanke, sehr elegante Turm (84,70 ×
14,45 m) wurde über einem quadratischen Grundriß errichtet.
Er zeigt verstärkte Eckstreben in Form polygonaler Pfeiler, die
über die gesamte Turmhöhe emporsteigen. Die
Horizontalgliederung bilden Gesimse, die fünf Stockwerke
voneinander abgrenzen. Die Sockelzone mit der spitzbogigen
Eingangstür (rechts außen ein Detail) wurde noch unter Giotto
errichtet. Die dort sichtbaren Reliefplatten wurden vermutlich
nach Entwürfen Giottos von Andrea Pisano ausgeführt. Pisano
führte unter Berücksichtigung der Pläne Giottos den Bau des
Campanile bis zum dritten Gesimsgürtel fort. Darüber hinaus
vollendete er eine Anzahl der zweiten Relieffolge (weitere von
Luca Della Robbia). Im zweiten Doppelgeschoß bereitete
Pisano Nischen vor, die 16 Statuen von Propheten, Sibyllen
und von Johannes dem Täufer enthalten haben, sowie einen
Gürtel mit blinden Nischen. Die drei folgenden Geschosse
plante und realisierte Talenti: Hier gibt es keinen Skulpturen-
und Reliefschmuck mehr, sondern paarweise angeordnete
zweibogige Fenster (drittes und viertes Geschoß) und im
obersten Abschnitt große dreibogige Fenster. Der filigrane,
schwungvolle Eindruck entsteht durch die Fensteröffnungen.
Das Gebäude wird von einem vorkragenden Gesims auf
Konsolen bekrönt. Den oberen Abschluß bildet eine
durchlochte Balustrade, ähnlich wie beim Dom. In der
ursprünglichen Planung war darüber hinaus
höchstwahrscheinlich ein spitzer Helm zur Bekrönung des
Turms vorgesehen. Trotz der Beteiligung mehrerer Architekten
erscheint der Campanile als einheitlicher Baukörper, vor allem
dank der mehrfarbigen Marmorverkleidung und der schlanken
Eckpfeiler die, bis zur vollen Höhe aufstrebend, die
verschiedenen Geschosse miteinander verbinden. Das Gebäude
ist exemplarisch für die florentinische Architektur des 14.
Jahrhunderts, in der die Formen der Gotik von jenseits der
Alpen in einem unverzichtbaren Bedürfnis nach gefestigten
Strukturen und einem Gleichgewicht der Massen in klassisch
aufsteigender Linie gemäßigt werden.

Die Flachreliefs des Campanile (jetzt durch Kopien ersetzt, die Originale sind im Dommuseum) bilden einen Zyklus, in dem das gesamte Wissen des Mittelalters entsprechend dem typischen scholastischen Zeitgeschmack wiedergegeben ist: In der untersten Zone ist das menschliche Leben von seiner Erschaffung bis zur Kultivierung durch die Künste, Wissenschaften und das Handwerk zu sehen. In der darüberliegenden Zone sind die Tugenden dargestellt (die die menschliche Existenz disziplinieren), sowie die freien Künste (die hier für die geistige Zier stehen) und die Sakramente (die sie heiligen). Auf der vorhergehenden Doppelseite sind die »Musik«

und die »Metallverarbeitung« (links oben) abgebildet sowie die Ostwand mit einigen der eingefügten Kopien (links unten). Rechts die »Baukunst«. Oben ist die »Bildhauerei« abgebildet. Auf der rechten Seite sehen wir die Figur des Habakuk, die Donatello für den Campanile schuf (Dommuseum). Leider ist diese Statue infolge der Luftverschmutzung stark beschädigt. Die übrigen Skulpturen des zweiten Geschosses gestalteten – neben Donatello – Nanni di Banco, Andrea Pisano und Giuliano di Giovanni da Poggibonsi.

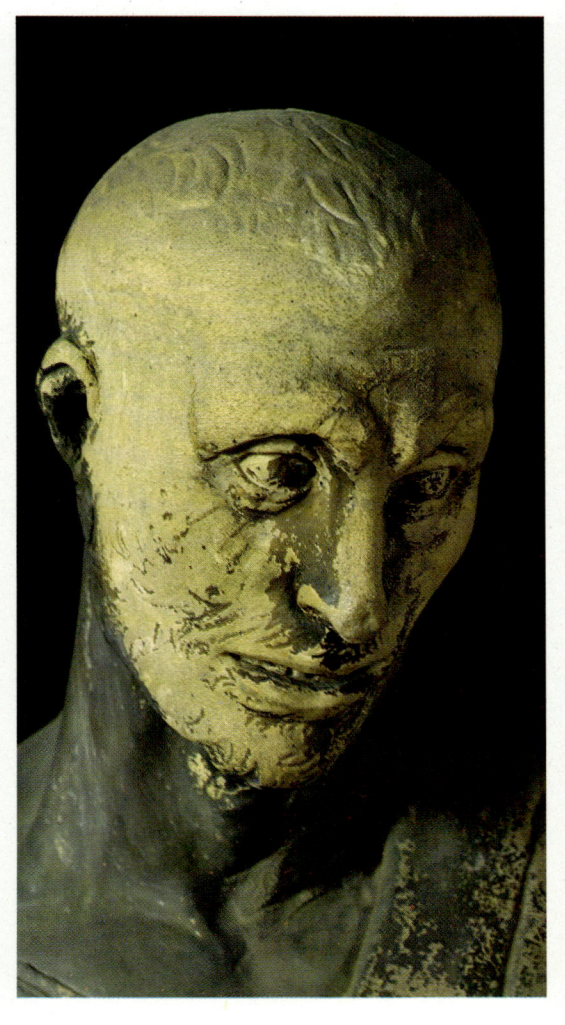

Inhalt